청년의사 남기남의

슬기로운 병원생활 1

글 주웅 / 그림 정훈이

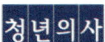

 CONTENTS

1부
병원은 즐거워

직장인을 위한 신약	_012
돌잡이	_014
정의란 무엇인가 ①, ②	_016
비상대책위원회	_020
醫師선생님	_022
어느 날 나는 흐린 酒店에 앉아 있을 거다	_024
관록과 짬밥	_028
영상통화 완전정복 ①, ②	_030
그게 그 말이 아닌데	_034
소통	_036
스토리텔링	_038
학문적 접근	_040
라디오스타	_042
개그 임팩트 팩터	_044
의사개그대전 ①, ②	_046
도청의 달인	_050
수술실 야유회	_052
알기 쉬운 의학은어	_054
양극화	_056
직업병	_058
숫자풀이	_060
C5 ①, ②, ③, ④, ⑤, ⑥	_062
소스 코드 ①, ②	_074
나는 교수다	_078
나는 약이다 ①, ②	_080
반의어	_084
진정으로 위해주는 친구	_086

병원은 괴로워

패션리더	_090
라마단	_092
시테크	_094
황금비	_096
승자독식제	_098
크리스마스의 악몽	_100
대학병원시절: 기형도 시인을 기리며	_102
내공 관리	_106
신종 위협	_108
대리진상	_110
경인년 새해	_112
쇼피알 스페셜	_114
생체 시계	_116
병원을 점령하라	_118
의사탐구생활: 회식 다음날 편	_120
행복	_122
우리 아빠는 40점	_124
데스노트 ①, ②	_126
모닝콜	_130
새해 다짐	_132
의사들의 천국 ①, ②	_134
애국자 체질 ①, ②	_138
SUR, 수술실물품 사용지원시스템	_142
바티스투타 수술팀의 영광 ①, ②, ③, ④	_144
무상급식	_152
왕만 모르는 사실	_154
초식남	_156
건어물녀	_158
19세	_160

병원에서 연애하기

알퐁소 도데의 〈별〉
- 첫 번째 이야기 _166
- 두 번째 이야기 _168
- 세 번째 이야기 _170
- 네 번째 이야기 _172
- 다섯 번째 이야기 _174
- 여섯 번째 이야기 _176
- 일곱 번째 이야기 _178
- 여덟 번째 이야기 _180
- 아홉 번째 이야기 _182
- 열 번째 이야기 _184
- 열한 번째 이야기 _186
- 열두 번째 이야기 _188
- 열세 번째 이야기 _190
- 열네 번째 이야기 _192
- 열다섯 번째 이야기 _194
- 열여섯 번째 이야기 _196
- 열일곱 번째 이야기 _198
- 열여덟 번째 이야기 _200
- 열아홉 번째 이야기 _202
- 스무 번째 이야기 _204
- 스물한 번째 이야기 _206
- 스물두 번째 이야기 _208
- 스물세 번째 이야기 _210
- 스물네 번째 이야기 _212
- 스물다섯 번째 이야기 _214
- 스물여섯 번째 이야기 _216
- 스물일곱 번째 이야기 _218

선생님 말씀 _220
회식을 피하는 방법 _222
신년특집 〈2012〉 _224
디테일 _228
전공병 _230

병원에서 영화보기

인셉션	_234
마이너리티 리포트	_236
패트리어트 게임	_238
메디컬 맘마미아 ①, ②, ③	_240
도망간 전공의를 쫓다: 추전	_246
막장드라마 제1편: 일 년 차의 유혹	_248
막장드라마 제2편: 꽃보다 남자	_250
하얀거탑 ①, ②	_252
종합병원 2	_256
아이리스 ①, ②, ③	_258
CSI 과학심사대 ①, ②	_264
시크릿 가든 ①, ②, ③	_268
그레이 아나토미	_274
해달병원 ①, ②	_276
황순원의 소나기 ①, ②, ③	_280
K닥스타 ①, ②	_286
Dr.슈스케 ①, ②, ③, ④	_290
갱의실의 강선생님	_298
생활의 발견	_300
500회 특집: 쇼피알 @라스베이거스	_302

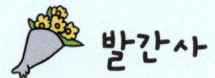 발간사

    심폐소생술을 뜻하는 약어 CPR은 많은 사람들에게 익숙하다. 워낙 많은 의학드라마가 방영됐기 때문이다. 신문 청년의사의 연재만화 제목인 '쇼피알'은 CPR에서 파생된 의사들의 은어다. 이미 환자는 안타깝게도 사망했지만, (보호자가 아직 도착하지 않았다거나 너무 갑작스러운 죽음이라 가족이 아직 환자의 사망을 받아들일 마음의 준비가 안 되어 있다거나 하는 등의) 이런저런 이유로 의미 없는 심폐소생술을 지속하는 경우를 뜻한다. 의사들에게는 가장 괴롭고 힘든 순간인 동시에 의사라는 직업의 복잡한 속성을 절실히 느끼게 되는 순간이기도 하다.

    만화 쇼피알은 역사가 길다. 1992년에 월간지로 창간된 청년의사가 주간지로 전환한 직후인 2002년 1월 7일자 신문에 1회가 실렸으니 꼬박 20년 동안 매주 독자들을 만났다. 타블로이드 신문 1면 전체를 차지하는 15컷 내외의 만화가, 그것도 주로 의료와 관련된 내용을 다루는 만화가 이렇게 오랫동안 연재되는 사례는 매우 드물다. 의사가 스토리를 만들고 전문 만화가가 그것을 그림으로 옮기는 협업 방식으로 이루어졌기에 가능했던 일이고, 청년의사의 독자들이 꾸준히 관심과 사랑을 보내줬기 때문에 가능했던 일이다.

    쇼피알은 크게 두 시기로 나뉜다. '주프로'라는 필명으로 활동했던 이대서울병원 산부인과 주웅 교수가 대본을 맡은 시기가 시즌 1, 단국의대 기생충학교실 서민 교수와 가정의학과 전문의인 김응수 원장이 나누어 대본을 맡은 시기가 시즌 2다. (시즌 1과 시즌 2 모두 아주 드물게 다른 의사 혹은 의대생이 대본을 쓴 경우가 있기는 했지만, 대부분의 대본은 이렇게 세 명이 썼다.) 시즌 1은 2012년 4월 6일에 끝났는데, 무려 500편의 만화가 만들어졌다. 10주간의 공백기(그 기간 동안은 독자들이 직접 뽑은 베스트 작품 10편이 연재됐다)를 가진 이후 2012년 6월 22일부터 시작된 시즌 2는 2021년 12월 3일자 475회까지 연재된 이후 잠시 연재가 중단된 상태이다.

1,000회 특집을 불과 25주 앞두고 연재가 중단된 이유는 지난 20년 동안 한결같이 재미있는 만화를 그려온 정훈이 작가의 병환이다. 코로나19가 기승을 부리던 2021년 말, 그는 심한 감기 증상으로 동네의원을 찾아갔다가 정밀검사를 권유받았고, 며칠 후 급성 백혈병 진단을 받았다. 이후 정 작가는 씩씩하게(?) 투병 중이다. 스스로를 '병원에서 밥 가장 많이 먹는 환자'라고 칭하고, 카카오톡 프로필을 '고장 수리 중'이라고 바꿔놓은 채.

사실 만화 쇼피알 중에서도 특히 재미있는 것들을 모아서 단행본으로 묶으려는 시도는 시즌 1을 마칠 무렵에도 있었다. 하지만 의료인 아닌 사람이 볼 때는 잘 이해가 되지 않는 만화도 적지 않은 등의 이유로 실행에 옮겨지지는 않았다. 하지만 1,000편 가까운 만화가 쌓이다 보니 누구나 재미있게 볼 수 있는 만화도 꽤 많이 축적됐고, 연재 중단을 아쉬워하는 애독자들의 허기를 달래줄 필요도 생겨, 결국 두 권의 책으로 묶게 되었다. 크라우드 펀딩과 책 판매를 통해 마련될 수익금을 전달함으로써 투병 중인 정훈이 작가를 응원하고 싶은 마음도 컸다.

만화의 내용은 매우 다양하다. 전공의를 비롯한 대학병원 의사의 애환을 웃프게 그린 내용도 많고(주웅 교수가 특히 이런 내용을 많이 썼다), 개원의를 비롯한 평범한 의사들의 일상을 유머러스하게 묘사한 내용도 많고(김응수 원장이 특히 이런 내용을 많이 썼다), 기상천외한 상상력을 발휘하여 한국의 의료 현실을 신랄하게 풍자한 내용도 많다(서민 교수가 특히 이런 내용을 많이 썼다). 영화나 TV드라마를 패러디한 작품도 많고(이건 씨네21에 25년간 만화를 연재한 정훈이 작가의 원래 특기이기도 하다), 게재 당시 화제가 된 사건 사고나 정치적 상황을 소재로 삼은 작품도 적지 않다. 온 국민이 아는 유명한 시 전문을 패러디하여 의사들의 마음을 대변한 주웅 교수의 작품들도 많은 사랑을 받았다.

열다섯 컷 내외의 한 회로 마무리되는 짧은 이야기가 가장 많지만, 2~3회에 걸쳐 이어지는 경우도 꽤 많고, 5회 내외로 이어지는 제법 긴 분량의 만화도 가끔은 등장했다. 완전히 연결되는 이야기는 아니지만 속편 형태로 비슷한 스토리가 변주되는 경우도 가끔 있었는데, 흥미로운 것은 그러한 변주가 흔히 다른 작가에 의해 행해졌다는 사실이다. 예를 들어 서민 교수가 '의대 과 커플이 불리한 점'이라는 이야기를 쓰면 그 다음주에는 김웅수 원장이 '의대 과커플이 좋은 점'이라는 이야기를 쓴다거나, 김웅수 원장이 '앤트맨 메디칼 히어로'라는 이야기를 쓰고 나면 얼마 후 서민 교수가 '앤트맨 리부트'라는 이야기를 쓴다거나 하는 식이다.

하지만 뭐니 뭐니 해도 천 편 가깝게 만들어진 쇼피알에서 가장 중요한 의미를 가지는 연작은 '알퐁소 도데의 별' 시리즈다. 의사 커플의 알콩달콩한 사랑 이야기인 이 연작은 시즌 1에서 무려 27편까지 간헐적으로 이어졌다. '별'이라는 이름이 붙지는 않았지만 이 시리즈의 주인공들은 이후 다른 작품들에서도 같은 설정으로 가끔씩 등장했고, 심지어 시즌 2의 대본을 집필한 서민 교수나 김웅수 원장도 가끔씩 이들을 소환하곤 했다. 결국 남기남과 스테파네트 커플이 등장하는 이야기는 30편이 넘는다.

만화 쇼피알은 신문 청년의사의 30년 역사에서도 매우 중요한 존재다. 청년의사에 실린 모든 연재물 중에서 단연 최장수 코너이며, 종이 신문 시절이나 온라인 신문 시절 모두 가장 인기 있는 코너이기도 했다. 실제로 독자들을 대상으로 행해진 설문조사에서 가장 열심히 보는 코너 1위로 꼽히기도 했고, SNS가 보편화된 이후에 만들어진 여러 작품들은 페이스북 등을 통해 널리 공유되기도 했다. 페이스북 공유만 500회 혹은 1,000회 이상 이루어진 작품들도 많은데, 대표적인 작품으로는 지인으로부터 환자 관련 민원을 받는 의사들의 솔직한 심정을 묘사한 '의사 친구에게 부탁하기', 여의사의 애환을 리얼하게 그려낸 '의대생 김지영', 코로나19 팬데믹에 대처하는 의사들의 수고를 표현한 '어쩌다 보니, 그러다 보니', 수도권이 아닌 지방에서 일하는 의사들의 심정을 잘 표현한 '나는 지방의사다', 의사가 직업윤리를 저버리고 싶은 순간들을 코믹하게 묘사한 '의사인성교육', 코로나19 팬데믹 국면에서 정부가 의사들의 뒤통수를 친 데 대한 서운함을 그려낸 '어떤 은혜 갚기' 등이 있다.

만화 쇼피알은 공연계의 용어를 빌리자면 '오픈런' 작품이었다. 병원과 의사들에 관한 이야기는 무궁무진했고, 대본을 쓰는 몇몇 의사들의 기발한 아이디어는 마르지 않는 샘물 같았다. 30대 초반의 청년 만화가가 50대 초반의 중년 만화가가 되는 동안, 정훈이 작가는 특유의 성실함과 세대를 아우르는 유머 감각으로 우리를 웃기고 울렸다. 영원히 지속될 거라 생각한 적은 없지만, 앞으로도 오랫동안, 1,000회는 물론이고 1,500회, 어쩌면 2,000회까지 이어질 줄 알았다. 하지만 975편까지 만들어진 시점에 갑자기 정훈이 작가를 찾아온 불청객 때문에, 쇼피알은 잠시 중단되어 있다.

그리 멀지 않은 미래에 쇼피알이 재개되기를 바라는 간절한 마음을 담아, 이 두 권의 만화책을 펴낸다. 20년 넘게 의료 만화를 그려온 내공에 더해 힘든 투병까지 경험한 정훈이 작가가 더욱 깊이 있고 실감나는 작품들로 우리에게 웃음과 감동을 주는 그날이 어서 오기를 희망한다. 만화 쇼피알을 늘 기다려주셨던 많은 독자들께도 창작자들을 대신하여 깊은 감사를 드린다.

2022년 6월
청년의사 편집주간 박재영

1부 병원은 즐거워

직장인을 위한 신약

정의란 무엇인가 ②

비상대책 위원회

* VBAC : 제왕절개 후 자연분만
** PA : physician assistant. 의료기관에서 전공의의 역할 일부를 수행하는 간호사를 말한다. 현실에는 존재하지만 법적 근거가 명확하지 않아 논란이 있다.

醫師 선생님

어느 날 나는 흐린 酒店에 앉아 있을 거다

어느 날 나는 흐린 酒店에 앉아 있을 거다   - 황지우

초경을 막 지난 딸아이, 이젠 내가 껴안아줄 수도 없고
생이 끔찍해졌다.
딸의 일기를 이젠 훔쳐볼 수도 없게 되었다
눈빛만 형형한 아프리카 기민들 사진;
"사랑의 빵을 나눕시다"라는 포스터 밑에 전가족의 성금란을
표시해 놓은 아이의 방을 나와 나는
바깥을 거닌다, 바깥;
누군가 늘 나를 보고 있다는 생각 때문에
사람들을 피해 다니는 버릇이 언제부터 생겼는지 모르겠다
옷걸이에서 떨어지는 옷처럼
그 자리에서 그만 허물어져버리고 싶은 생;
뚱뚱한 가죽부대에 담긴 내가, 어색해서, 견딜 수 없다
글쎄, 슬픔처럼 상스러운 것이 또 있을까

그러므로 어느 날 나는 흐린 酒店에 혼자 앉아 있을 것이다
완전히 늙어서 편안해진 가죽부대를 걸치고
등뒤로 시끄러운 잡담을 담담하게 들어주면서
먼 눈으로 술잔의 水位만을 아깝게 바라볼 것이다

문제는 그런 아름다운 廢人을 내 자신이
견딜 수 있는가, 이리라

* 야마 : 기출문제를 뜻하는 은어. '족보'라고도 한다.

관록과 짬밥

- *   ARF : acute renal failure, 급성 신부전
- **   Foley : 소변줄
- ***   urine : 소변
- **** CVP : 중심정맥압
- ***** volume : 여기서는 수액을 의미

영상통화 완전정복 ②

* ICU : intensive care unit. 중환자실 혹은 집중치료실
** 안검하수 : 다양한 원인에 의해 윗 눈꺼풀의 높이가 낮아진 상태
*** PP2 : postprandial 2 hour. 식후 2시간이라는 뜻으로, 원래는 당뇨병 환자의 식후 2시간 혈당을 말할 때 쓰는 용어이나, 여기서는 '식후 2시간 동안 낮잠'의 뜻으로 쓰였다.

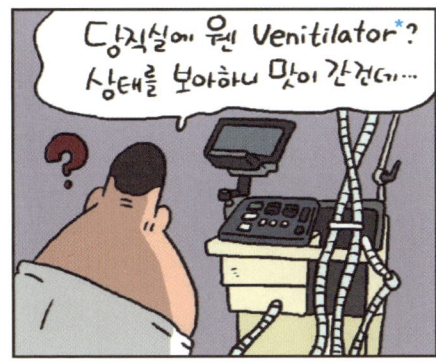

* ventilator : 인공호흡기
** I-med : 약물주입 속도를 조절하는 장치의 일종

그게 그 말이 아닌데

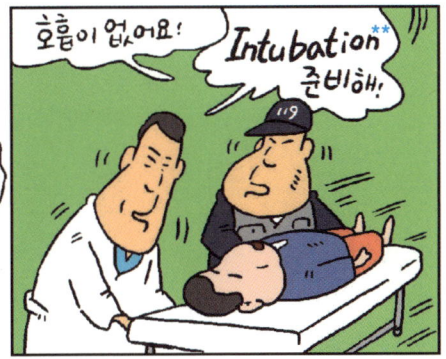

* arrest : 첫 번째 뜻은 '체포'이지만, 의료인들은 누구나 심정지(cardiac arrest)를 떠올린다.
** intubation : 기도삽관

스토리텔링

* CPR : 심폐소생술

학문적 접근

* 지금은 종이차트를 쓰는 병원이 거의 없지만, 이 만화가 게재된 2006년만 해도 대부분의 병원이 종이차트를 사용했습니다.

개그 임팩트 팩터

* 임팩트 팩터 : impact factor, 약칭 IF. 학술지의 영향력과 수준을 평가하는 지표로, 높을수록 좋은 것이다. 개별 논문에 매기는 점수가 아니라 흔히 '저널'이라 불리는 학술지에 부여하는 점수이다. '피인용 지수' 혹은 '영향력 지수'로 번역되기도 한다.
** 종설 : 의학 논문은 그 성격에 따라 '원저(original article)', '종설(review article)', '증례보고(case report)' 등으로 나뉜다. 그 중 '종설'은 특정 분야나 주제에 대한 기존의 여러 연구를 종합하여 서술한 것을 말한다.

의사개그대전
①

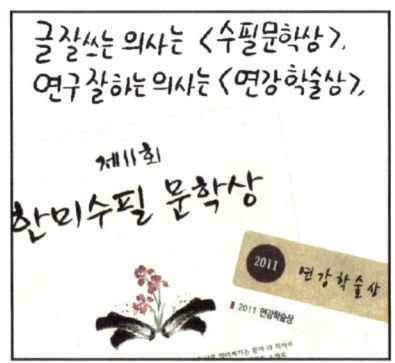

* 카데바 : cadaver. 해부 실습용 시신

의사개그대전
②

* 　어제 (위암으로) 위 부분절제술 받은 환자
** 　복부 엑스레이 촬영하고 비위관 다시 삽입해

수술실 야유회

* extension line : 수액 등을 공급할 때 쓰는 튜브

알기 쉬운 의학은어

* gait disturbance : 보행 장애
** apanthosis : 실제로 이런 단어는 없다. 하지만 맨 앞에 a가 붙어서 '없다'는 뜻이 되는 의학용어들은 많이 있다.

직업병

숫자풀이

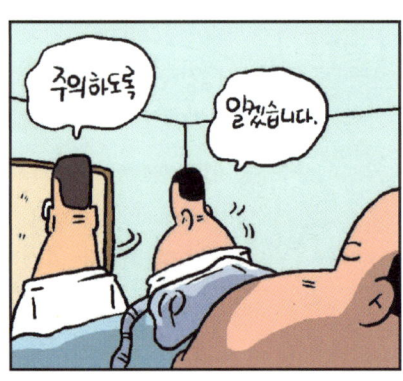

* saturation : 산소포화도

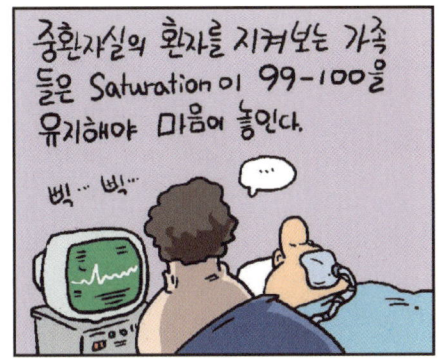

C5 ①

C5 ②

C5 ③

* 풀당 : full + 당직. 비슷한 말로 '에당'이 있음. (everyday 당직)

C5 ⑤

소스 코드 ①

소스 코드 ②

나는 교수다

나는 약이다

①

나는 약이다
②

※ 의약품 중 일부를 편의점이나 슈퍼에서 판매할 수 있게 된 2011년에 그려진 만화

반의어

※ 건강보험 적용이 되지 않는 항목을 '비보험' 혹은 '일반'으로 부른다.

진정으로 위해주는 친구

2부 병원은 괴로워

패션리더

라마단

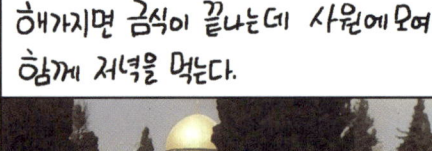

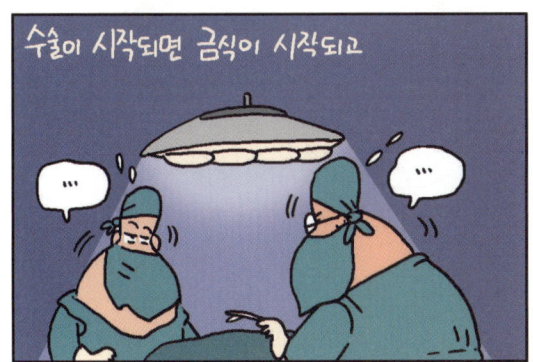

시테크

* 랩(lab)은 일반적인 혈액검사, ABGA는 동맥혈가스검사, F/U은 추적관찰(follow up), RBC는 적혈구

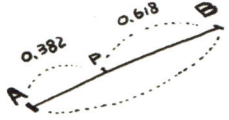

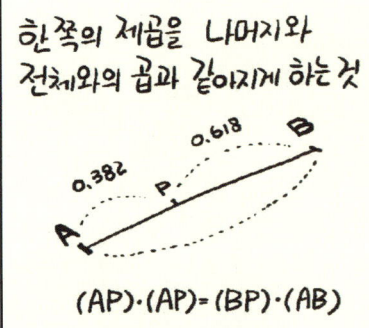

대학병원시절
기형도 시인을 기리며

대학시절

　　　　　-기형도

나무의자 밑에는 버려진 책들이 가득하였다.
은백양의 숲은 깊고 아름다웠지만
그곳에는 나뭇잎조차 무기로 사용되었다.
그 아름다운 숲에 이르면 청년들은 각오한 듯
눈을 감고 지나갔다, 돌층계 위에서
나는 플라톤을 읽었다, 그 때마다 총성이 울렸다.
목련철이 오면 친구들은 감옥과 군대로 흩어졌고
시를 쓰던 후배는 자신이 기관원이라고 털어놓았다.
존경하는 교수가 있었으나 그분은 원체 말이 없었다.
몇 번의 겨울이 지나자 나는 외토리가 되었다.
그리고 졸업이었다, 대학을 떠나기가 두려웠다.

* 해리슨 : 가장 유명한 내과 교과서

경인년 새해

* surgeon은 외과의사, skin suture는 피부 봉합

* IF가 20점 넘는 저널에 논문을 내는 것은 매우 힘든 일이고, '사이언스'나 '네이처'에 논문이 실리는 것은 하늘의 별 따기다. 실제로 많은 연구자들은 IF가 1~2점인 저널에 논문이 실려도 기뻐한다. 'revision'을 받는다는 것은 '게재 승인'이 아니라 '조건부 게재 승인'을 말하며, 원래 투고한 논문의 내용을 편집자의 요구에 맞게 수정하면 논문을 게재해 주겠다는 뜻이다.

* epistaxis : 코피

생체 시계

○○의과대학
인체에는 일정한 리듬이 존재합니다.

즉, 수면패턴, 체온조절, 혈압변화 등이 24시간을 주기로 일정한 변동을 보이죠.

여기에는 호르몬 분비량 조절에 관련된 내분비계와 면역체계, 순환기계, 배설계 등이 다 관여하고 있습니다.

시계를 안봐도 배가 고파오면 밥때가 되었다는걸 알 수 있고
꼬르륵...

목이 칼칼해지면 술때가 되었다는 것도 알 수 있습니다.

이런 시계를 생체 시계, Biological Clock 이라고 합니다.

고등동물의 생체 시계는 뇌의 시신경 교차상핵(SCN)에 있다는 것이 밝혀져 있습니다.

SCN: Supra Chiasmatic Nuclei

* zeitgeber : 생체시계의 움직임에 영향을 주는 빛·어둠·기온 등의 요소를 말한다. '차이트게버'라고 읽는다.

의사탐구생활
회식 다음날 편

행복

행복

-유치환

사랑하는 것은
사랑을 받느니 보다 행복하나니라
오늘도 나는…
에머랄드빛 하늘이 환히 내다뵈는
우체국 창문 앞에 와서 너에게 편지를 쓴다.

행길을 향한 문으로 숱한 사람들이
제각기 한 가지씩 생각에 족한 얼굴로 와선
총총히 우표를 사고 전보지를 받고
먼 고향으로 또는 그리운 사람께로
슬프고 즐겁고 다정한 사연들을 보내나니.

세상의 고달픈 바람결에 시달리고 나부끼어
더욱더 의지삼고 피어 흥클어진
인정의 꽃밭에서…
너와 나의 애틋한 연분도…
한방울 연연한 진홍빛 양귀비 꽃인지도 모른다.

사랑하는 것은…
사랑을 받느니 보다 행복하나니라.
오늘도 나는 너에게 편지를 쓰나니…
그리운 이여 그러면 안녕!

설령 이것이 이세상 마지막 인사가 될지라도
사랑하였으므로 나는 진정 행복하였네라…

우리 아빠는 40점

데스노트 ①

* NPO : nothing per os, 금식

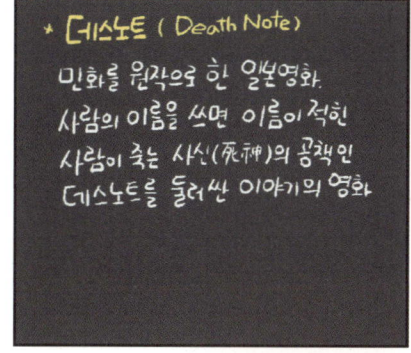

* Endnote : 논문 등을 작성할 때 사용하는 프로그램 이름

모닝콜

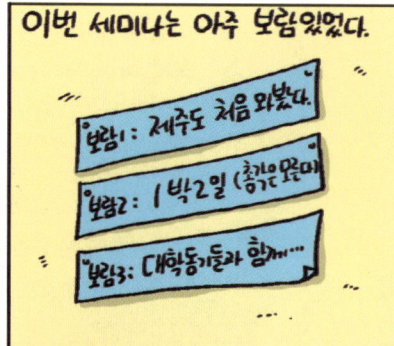

새해 다짐

* SCI : science citation index의 약자로 '과학인용지수'로 번역되지만, 비교적 높은 수준의 학술지를 가리키는 말인 'SCI 급 저널' 등의 용례로 많이 쓰인다.

애국자 체질 ①

* 식약청 : 지금은 '식약처'로 이름이 바뀌었습니다.

애국자 체질 ②

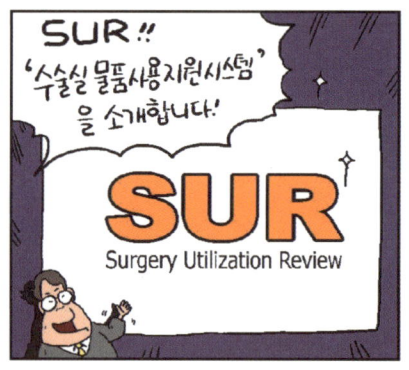

* DUR : drug utilization review의 약자로, '의약품안전사용서비스'라고도 한다. 함께 먹으면 부작용이 발생할 수 있는 약 등의 정보를 의사와 약사에게 실시간으로 제공하는 것으로, 2010년부터 시행되고 있다. 의약품의 안전한 사용을 돕는 효과가 있지만, 의사의 처방을 과도하게 통제한다는 비판도 일부 있다. 물론 SUR은 실제로 존재하지 않는 시스템이다.

* 리가슈어 : 암 수술 등에서 조직을 절제할 때 사용하는 기구

바티스투타
수술팀의 영광 ①

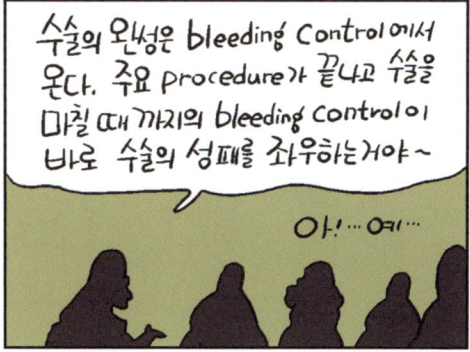

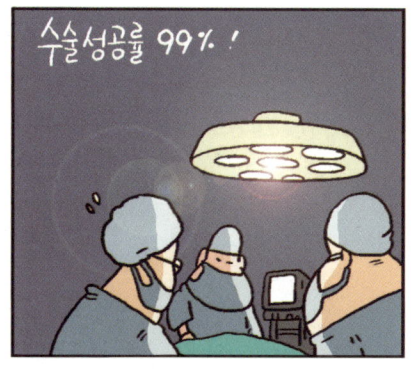

바티스투타 수술팀의 영광 ③

* cervical HIVD : 경추 부위의 추간판탈출증. 쉽게 말해 '목디스크'
** neck flexion/extension : 목을 구부리고 펴는 행위

바티스투타 수술팀의 영광 ④

왕만 모르는 사실

초식남

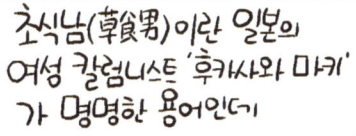

건어물녀

* infusion : 주입

19세

※ 올해(2022년) 청년의사는 창간 30주년을 맞았습니다.

3부 병원에서 연애하기

알퐁스 도데의 <별>
- 첫 번째 이야기

* MICU : 내과계 집중치료실

알퐁스 도데의 <별>
- 두 번째 이야기

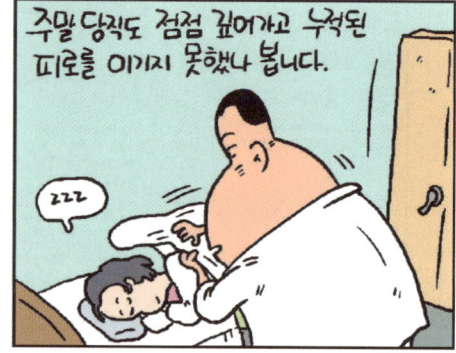

알퐁스 도데의 <별>
- 세 번째 이야기

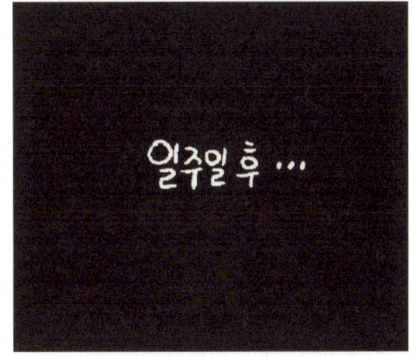

* 기출문제를 흔히 '족보'라고 부르는데, 거기에서 파생된 다른 은어도 있다. 정말 중요한 문제는 '왕족', 족보에 없는 문제가 나오면 '탈족'이라고 하며, 족보에 있는 문제가 많이 나올 경우 '족보를 탔다'고 표현한다.

알퐁스 도데 <별>
- 네 번째 이야기

알퐁스 도데 <별>
- 다섯 번째 이야기

* 코마 : coma. 혼수상태

알퐁스 도데 <별>
- 여섯 번째 이야기

* 배달 : 앰뷸런스에 동승하여 환자를 이송하는 업무를 '배달'이라 부르기도 한다.

알퐁스 도데의 <별>
- 일곱 번째 이야기

※ '당'은 당직, '퐁'은 '오프'를 뜻한다. 하루걸러 당직일 경우 '퐁당퐁당'이 된다.

알퐁스 도데의 <별>
- 여덟 번째 이야기

* Foley : 소변줄

알퐁스 도데 <별>
- 아홉 번째 이야기

알퐁스 도데의 <별>
– 열 번째 이야기

알퐁스 도데의 <별>
– 열한 번째 이야기

알퐁스 도데의 <별>
– 열두 번째 이야기

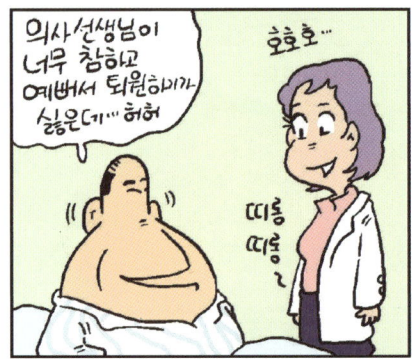

알퐁스 도데의 <별>
- 열세 번째 이야기

알퐁스 도데의 <별>
- 열네 번째 이야기

* consult : 협의진료

알퐁스 도데의 <별>
- 열다섯 번째 이야기

알퐁스 도데의 <별>
– 열여섯 번째 이야기

알퐁스 도데의 <별>
- 열일곱 번째 이야기

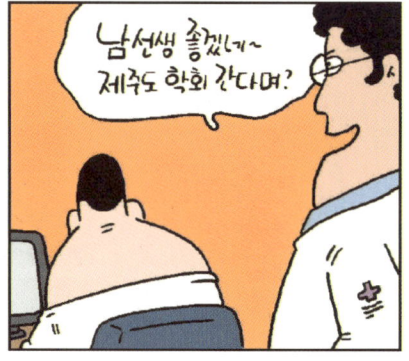

알퐁스 도데의 <별>
- 열여덟 번째 이야기

알퐁스 도데의 <별>
- 열아홉 번째 이야기

알퐁스 도데의 <별>
- 스무 번째 이야기

알퐁스 도데의 <별>
- 스물한 번째 이야기

알퐁스 도데의 <별>
– 스물두 번째 이야기

※ 여기 나오는 모든 영어 단어들은 전부 병원에서 흔히 쓰이는 용어들이다. 의학용어도 있고, 사회(?)에서와는 다른 뜻으로 쓰이는 용어도 있다. congestion : 정체/울혈, irritable : 화가 난/신경질적인/과민성의, convulsion : 경련/발작/격변, major revision : 논문 등의 대폭 수정을 뜻하지만 여기서는 큰 공사의 의미, parasitism : 기생, symbiosis : 공생, meniscus : 무릎에 있는 연골 중 반월판, semilunar valve : 심장판막 중 반월판

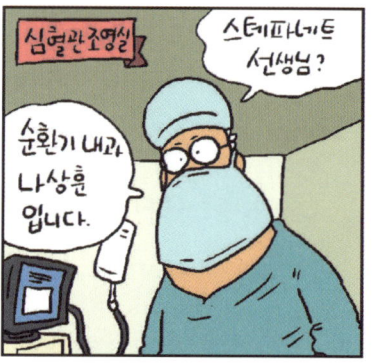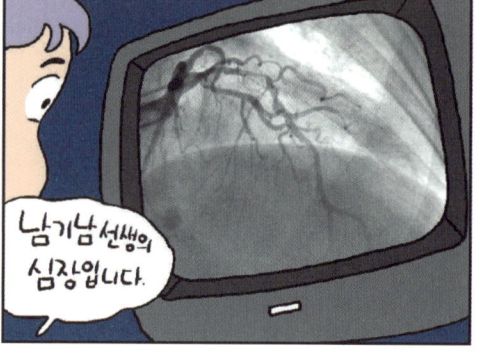

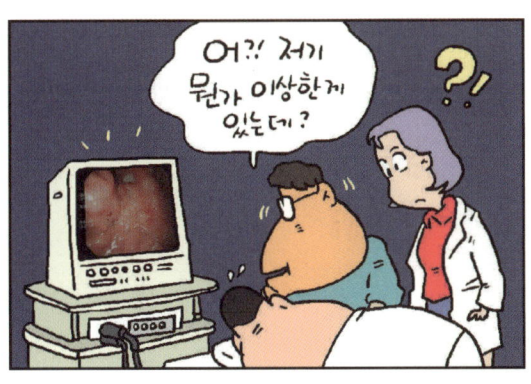

알퐁스 도데의 <별>

- 스물네 번째 이야기
  아주특별한 프러포즈 2

* angio 방 : 혈관조영검사실
** aggressive : 공격적인, 거친

* invasive : 침습적인
** minimally invasive : 최소 침습적인

알퐁스 도데의 <별>
- 스물다섯 번째 이야기

* 옵쎄 : obsessive의 줄임말. 원래는 강박 증상을 뜻하는 말이지만, 매우 꼼꼼한 성격을 가진 사람을 일컬을 때도 자주 쓴다.
** prep : preparation의 줄임말. 수술이나 시술 전에 하는 준비 등 여러 상황에서 사용된다.

알퐁스 도데의 <별>
- 스물여섯 번째 이야기

*   triage : 원래는 응급실에서 환자를 중증도에 따라 분류하는 것을 말하지만, 여기서는 쓰레기 분리수거의 뜻으로 쓰였다.
**   noti : notify의 줄임말. 환자 상태 등에 대해서 상급자에게 보고하는 행위를 통칭한다.
*** emergency : 응급

* fluid : 원래는 유체, 병원에서는 수액. 여기서는 생수 혹은 맥주의 의미
** drowsy, coma : 환자의 의식 수준을 '명료'부터 '혼수상태'까지 alert, drowsy, stupor, semi-coma, coma, 이렇게 다섯 단계로 나눈다.

알퐁스 도데 <별>
- 스물일곱 번째 이야기

선생님 말씀

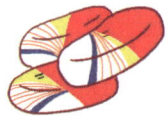

신년특집 <2012>

전공병

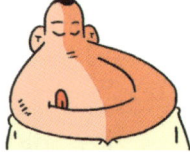

※ 안과 의사도 라식 수술 받습니다. 만화는 만화일 뿐

4부
병원에서 영화보기

인셉션

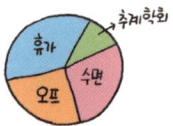

패트리어트 게임

메디컬 맘마미아 ①

도망간 전공의를 쫓다
추전 (推專)

* 미비차트 : 진료는 끝났으나 그 내용이 완전히 기록되지 않은 상태의 차트. 전공의들이 워낙 바쁘다 보니 차트에 기록해야 하는 모든 내용을 제때에 다 하지 못하고 야간이나 주말에 몰아서 쓰는 경우가 있다.

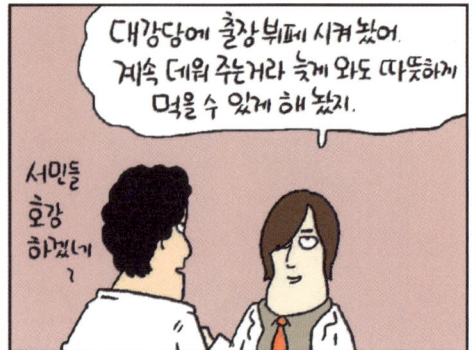

* stress challenge : 실험의 대상이 되는 동물들에게 여러 가지 형태의 스트레스를 주는 행위. 스트레스에 대한 반응을 관찰하기 위해서 행해진다.

하얀거탑 ①

하얀거탑 ②

종합병원2

아이리스 ①

* VDRL : 매독 검사

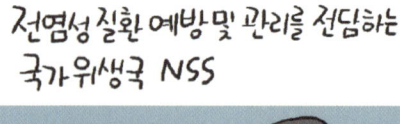

아이리스 ③

* 트레포네마 팔리둠 : Treponema pallidum, 매독균

CSI 과학심사대 ①

CSI 과학심사대 ②

시크릿 가든 ①

까칠한 백만장자, 백화점 오너 주원(현빈 분)과

무술 감독을 꿈꾸는 스턴트 우먼 라임(하지원 분)의

영혼이 바뀌면서 로맨스가 시작되는 드라마 <시크릿 가든>

여기 ○○대학병원에도 그런 얄궂은 운명이 찾아왔는데

내과의 남기남 교수와 1년차 전공의 길라임의 영혼이 체인지 되고 만것이다.

어제 회식 3차 진행중 둘 다 필름이 끊긴게 원인으로 추정된다.

교수님, 우리 이제 어떻게 해야 하는거죠?

일단 원인을 해결하기 전까진 비밀로 하고 서로 바뀐 자리에서 일하는 걸로 하자구!

* fever study : 열이 나는 환자의 발열 원인을 찾기 위해 시행되는 일련의 검사

시크릿 가든 ②

시크릿 가든 ③

해달병원 ①

이 만화는 대한민국의 가상 병원을 배경으로 펼쳐지는 픽션으로 인물과 사건은 허구입니다.

이번에 선발된 신입사원중에 '무녀'가 한명 끼어 있습니다.

무녀가요?

간호사 자격증이 있어서 뽑았는데 무녀라고 합니다.

윤대형 부원장
해달병원의 실세. 정략결혼으로 원장의 장인이 되었다.

그런데 그게… 원장이 결혼전 사귀던 연우라는 아이랑 너무나 닮았습니다.

그 아이라면 우리가 3년전 내보낸 의대 허교수의 딸?…

윤이사장 재단이사장
병원장 현의 할머니. 윤대형과 연대하고 있다.

어이구, 해품달 보시는데 제가 너무 방해를 드린것 같군요.

괜찮습니다. 재방입니다. 어제 본방 사수하고…

황순원의 소나기 ①

황순원의 소나기 ②

* GERD : 위식도 역류질환, MI : 심근경색

황순원의 소나기 ③

K닥스타 ①

* animal lab : 동물 실험실
** 카데바 : cadaver, 시신

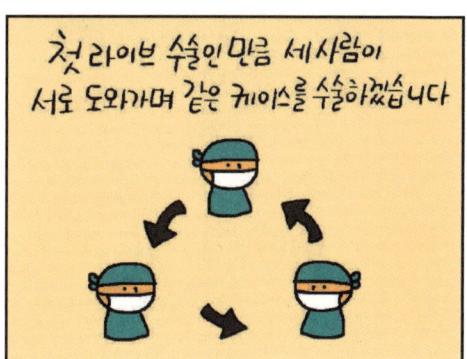

* live surgery : 생중계되는 가운데 진행되는 수술

K닥스타 ②

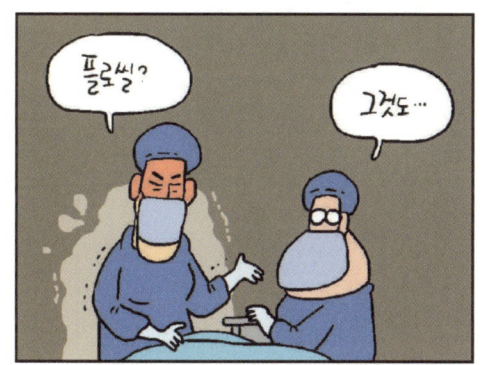

※ 리가슈어, 하모닉, 플로씰 등은 모두 수술 기구 이름

Dr.슈스케 ①

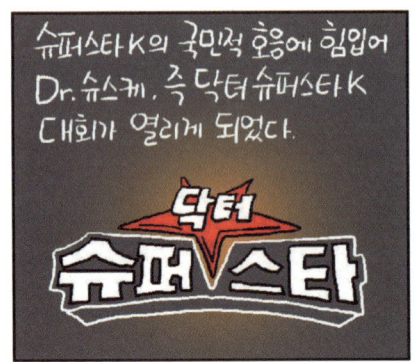

Dr.슈스케 ②

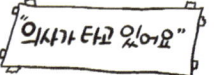

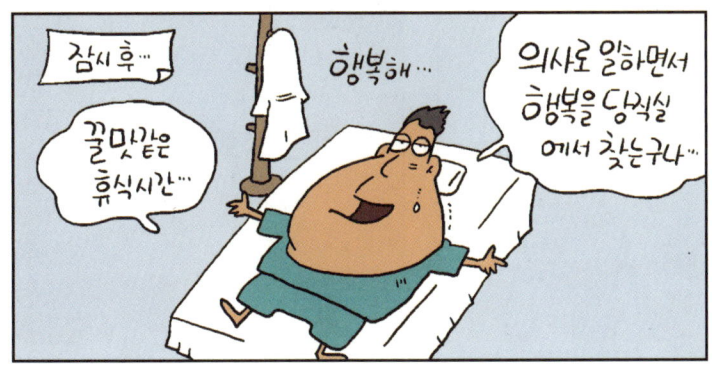

Dr.슈스케 ③

Dr.슈스케 ④

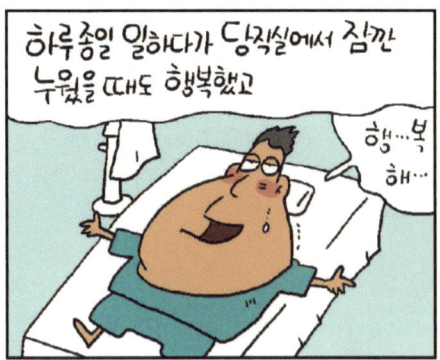

* 플라스터 : plaster. 반창고

생활의 발견

* 보비 : 전기 소작기
** Kelly : 수술 기구의 일종

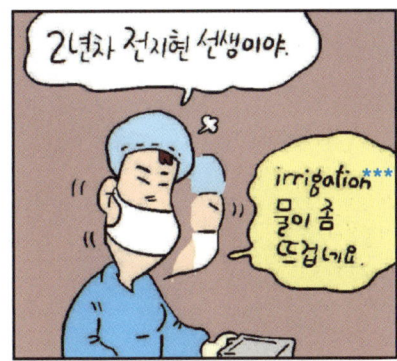

* JCI : 국제의료평가위원회. 일정 수준 이상의 병원을 '인증'해 준다.
** 타이 : tie. 봉합
** irrigation : 세척
** stapler : 피부를 봉합할 때 쓰는 기구. 문구 스테이플러와 같은 원리

500회 특집

쇼피알
@라스베이거스

※ 제2권으로 이어집니다.

청년의사 남기남의 슬기로운 병원생활 1권

글　　주웅
그림　정훈이

펴 낸 날 1판 1쇄 2022년 6월 15일

대표이사 양경철
편집주간 박재영
진　　행 배혜주
디 자 인 박찬희

발 행 처 ㈜청년의사
발 행 인 이왕준
출판신고 제313-2003-305(1999년 9월 13일)
주　 소 (04074) 서울시 마포구 독막로 76-1(상수동, 한주빌딩 4층)
전　 화 02-3141-9326
팩　 스 02-703-3916
전자우편 books@docdocdoc.co.kr
홈페이지 www.docbooks.co.kr

ⓒ 주웅·정훈이, 2022

이 책은 ㈜청년의사가 저작권자와의 계약을 통해 대한민국 서울에서 출판했습니다.
저작권법에 의해 보호를 받는 저작물이므로 무단전재와 복제를 금합니다.

ISBN 978-89-91232-74-7 (07510)

책값은 뒤표지에 있습니다.
잘못 만들어진 책은 서점에서 바꿔드립니다.